GW00649786

Ron Davies

Argraffiad cyntaf: 1990, *Fist impression: 1990*
Ail argraffiad: 1999, *Second impression: 1999*

℗ Y Lolfa Cyf. 1990

Rhif Llyfr Safonol Rhyngwladol / ISBN: 0 86243 226 X

Argraffwyd a chyhoeddwyd yng Nghymru gan
Printed and published in Wales by
Y Lolfa Cyf., Talybont,
Ceredigion SY24 5AP;
e-bost ylolfa@ylolfa.com
y we www.ylolfa.com
ffôn (01970) 832 304,
ffacs 832 782,
isdn 832 813;

DELWEDDAU O GYMRU
IMAGES OF WALES

Ron Davies

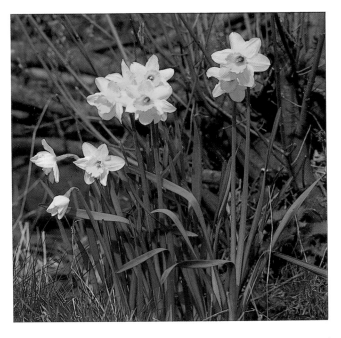

Croeso'r gwanwyn yng Nghymru / *Spring welcomes Wales*

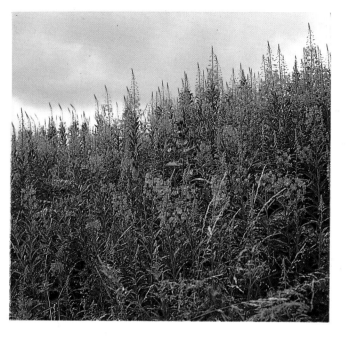

Blodau gwylltion, Ceredigion / *Wild flowers, Cardiganshire*

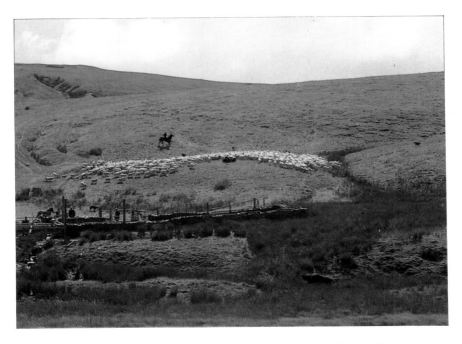

Casglu defaid, Cwm Elan / *Sheep gathering, Elan Valley*

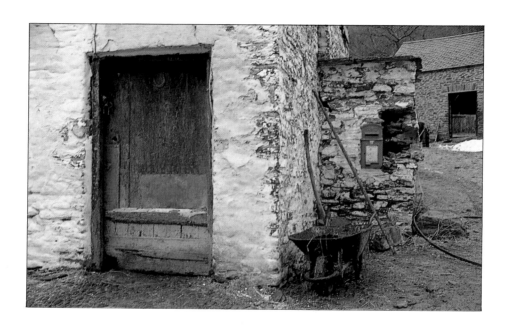

Clôs fferm, Cwm Rheidol / *Farmyard*

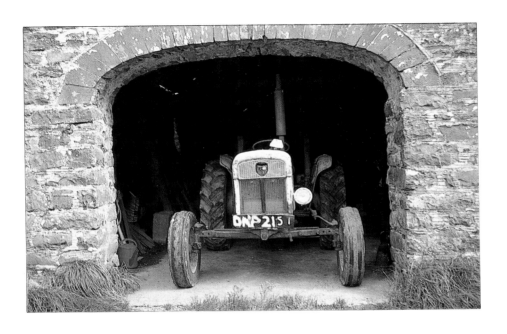

Hen David Brown, Ystrad Meurig / *Old David Brown*

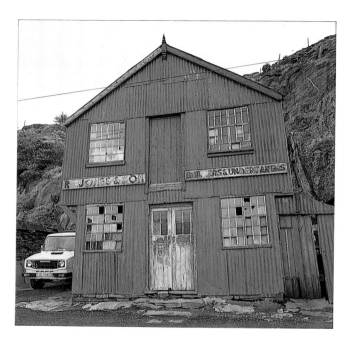

Blaenau Ffestiniog

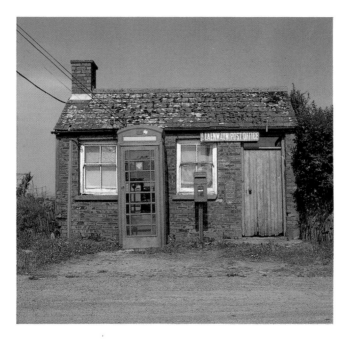

Swyddfa Bost, Blaenwaun / *Blaenwaun Post Office*

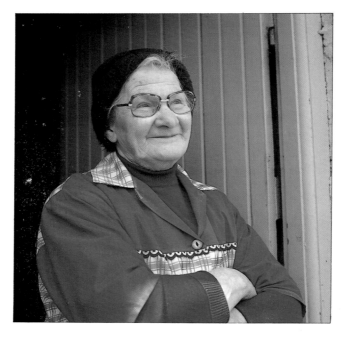

Tafarnwraig a phostfeistres Blaenwaun / *Blaenwaun postmistress and innkeeper*

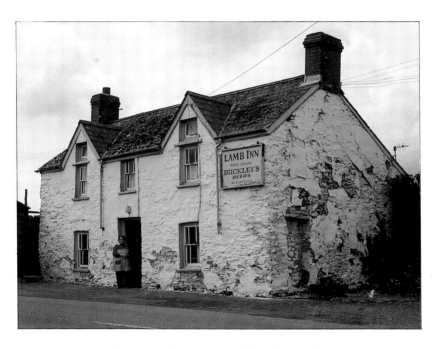

Tafarn Y Lamb, Blaenwaun / *The Lamb, Blaenwaun*

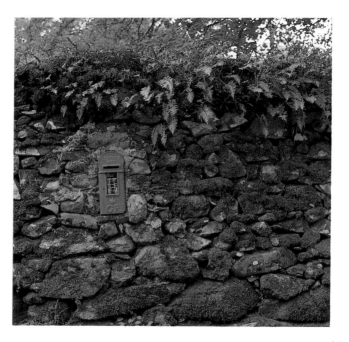

Blwch post ger Llanelltyd / *Post box near Llanelltyd*

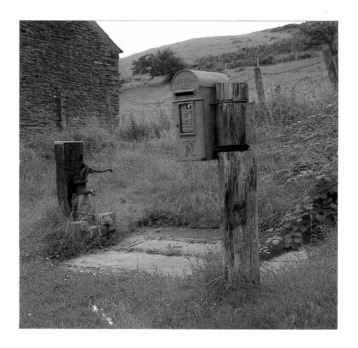

Banc y Darren

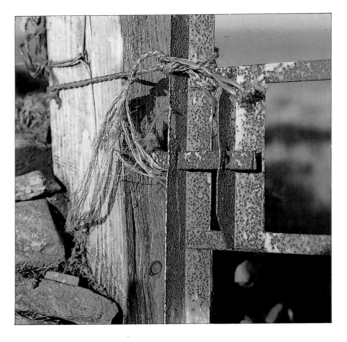

Clwyd fferm, Pen Trichrug / *Farm gate*

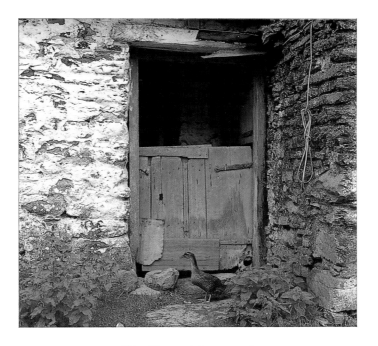

Clôs fferm / *Farmyard*

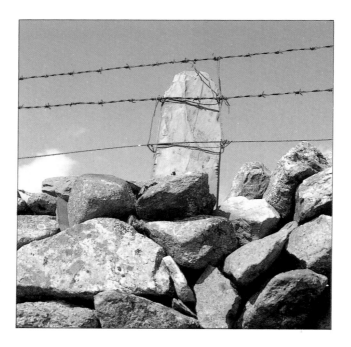

Cederea, Caernarfon

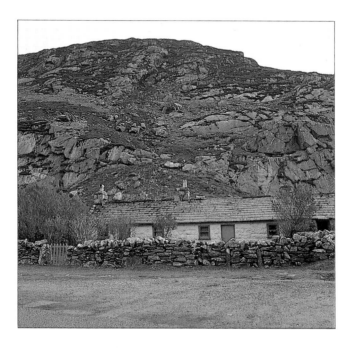

Tyddynod chwarelwyr, Dyffryn Nantlle / *Quarrymen's cottages, Nantlle Vale*

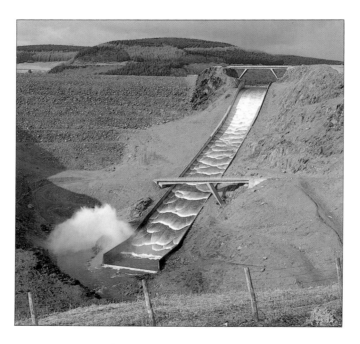

Argae Llyn Brianne / *Brianne reservoir*

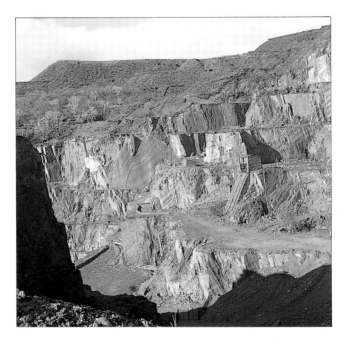

Chwarel Dinorwig, Llanberis / *Dinorwig slate quarry*

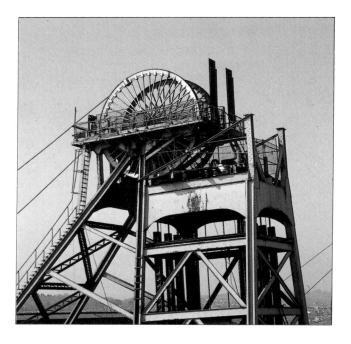

Pwll glo wedi cau, Gwent / *Disused coal mine, Gwent*

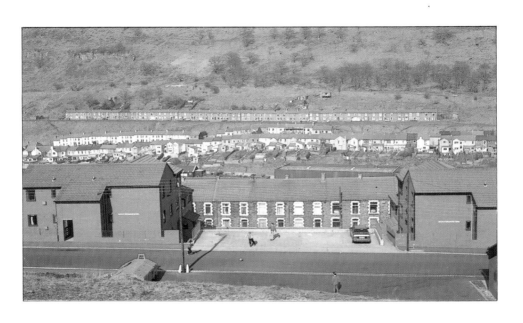

Cwm Rhondda / *Rhondda Valley*

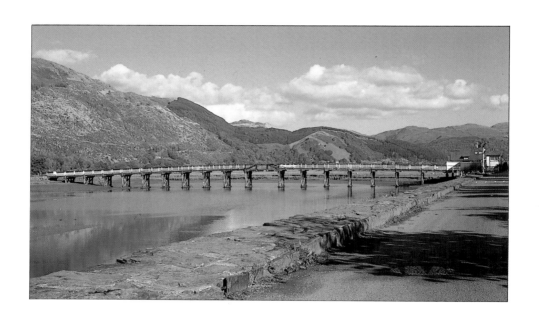

Penmaenpŵl, Meirionnydd

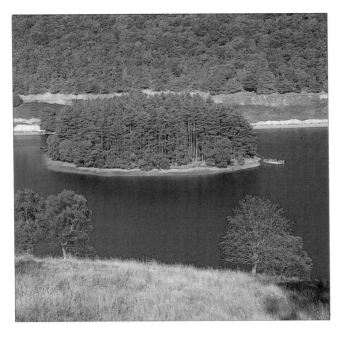

Llyn Penygarreg, Cwm Elan / *Penygarreg Lake, Elan Valley*

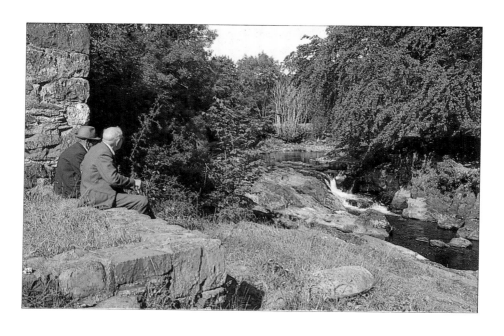

Afon Dyfi ger Dinas Mawddwy / *River Dyfi near Dinas Mawddwy*

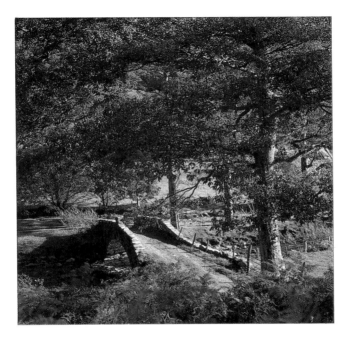

Pont garreg, Cwm Bychan / *Stone bridge*

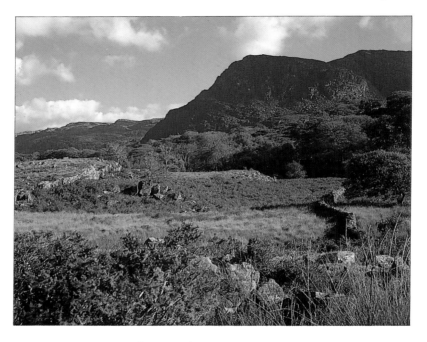

Cwm Bychan, Meirionnydd

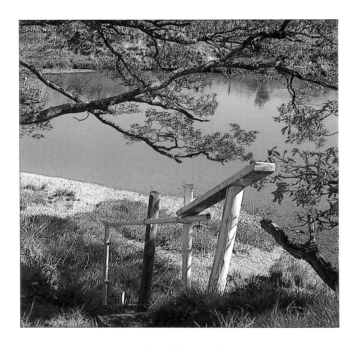

Cwm Rheidol, Ceredigion

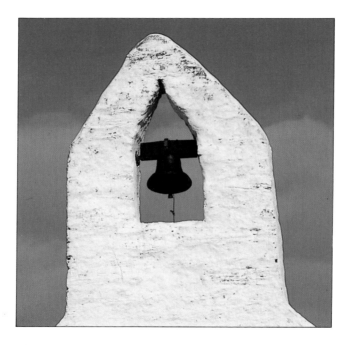

Eglwys Mwnt, Ceredigion / *Mwnt Church, Cardiganshire*

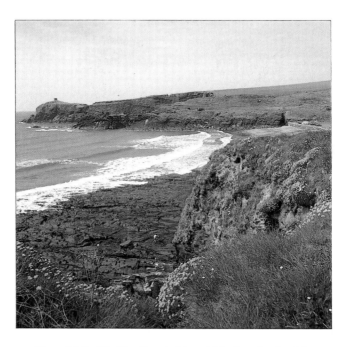

Abereiddi, Sir Benfro / *Abereiddi, Pembrokeshire*

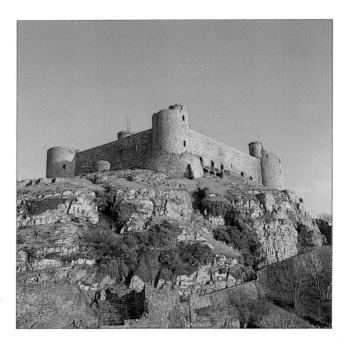

Castell Harlech / *Harlech castle*

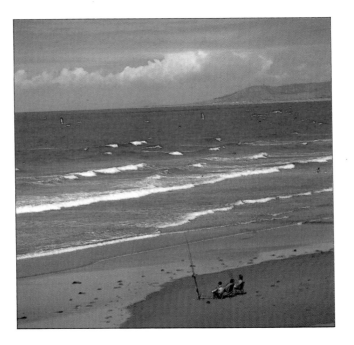

Borth, Ceredigion / *Borth, Cardiganshire*

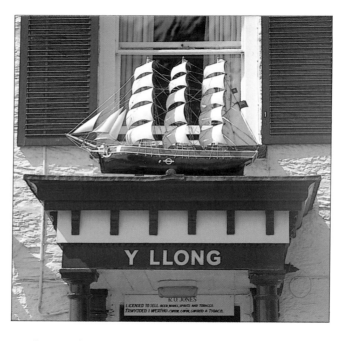

Tafarn y Llong, Porthmadog / *The Ship, Porthmadog*

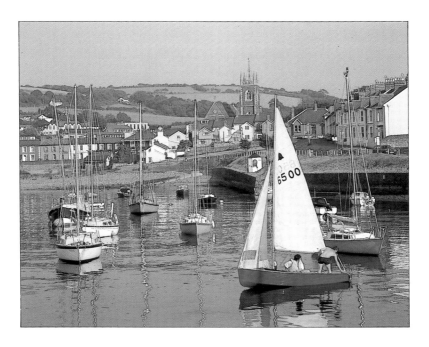

Harbwr Aberaeron / *Aberaeron harbour*

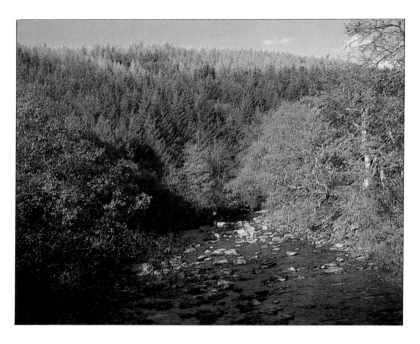

Afon Ystwyth / *River Ystwyth*

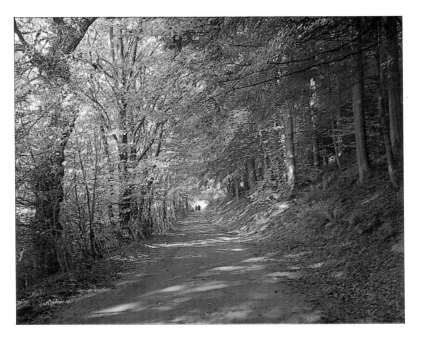

Lôn goed yn yr hydref / *Woodland walk in autumn*

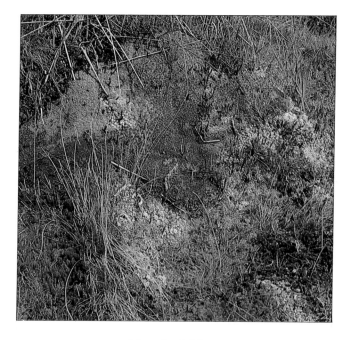

Mwswg / *Moss*

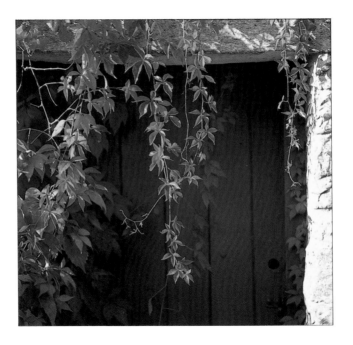

Hen ffermdy, Tregaron / *Old farmhouse*

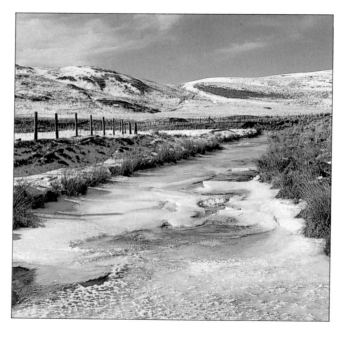

Afon Çamddwr ger Soar y Mynydd / *River Camddwr near Soar y Mynydd*

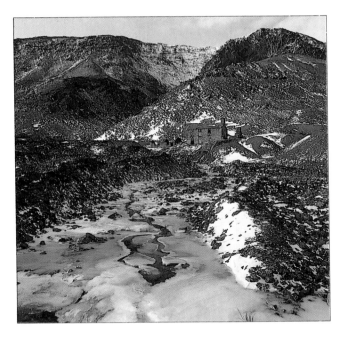

Cwmystwyth dan eira / *Cwmystwyth in snow*

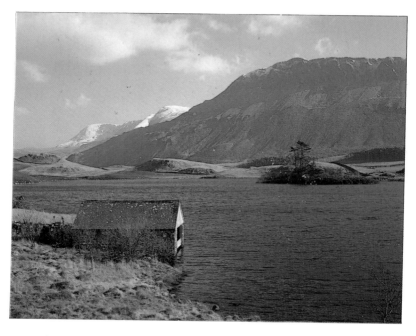

Llyn Cregennen, Cader Idris / *Cregennen Lake, Cader Idris*

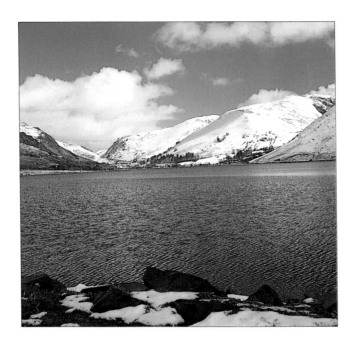

Tal-y-llyn

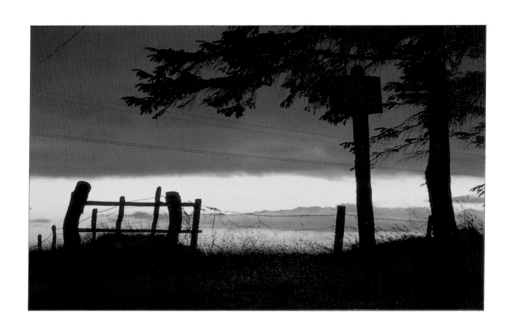

Pumlumon

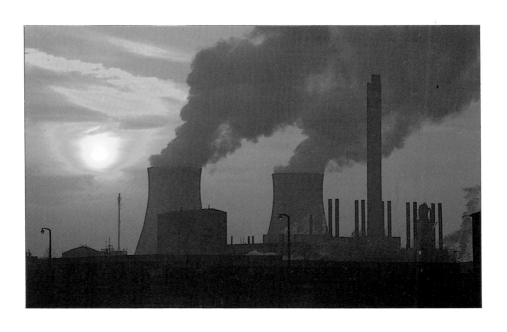

Llandarcy, ger Abertawe / *Llandarcy, near Swansea*

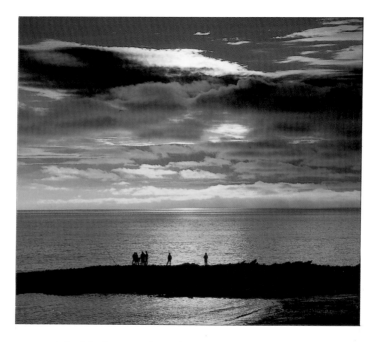

Machlud, Bae Clarach / *Sunset, Clarach Bay*

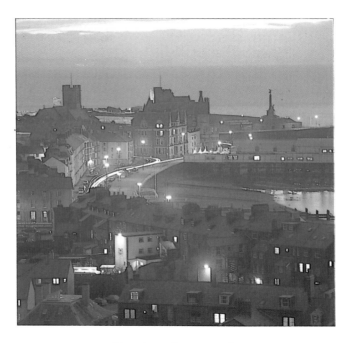

Nos Da, Aberystwyth

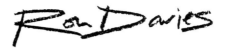

Bu Ron Davies yn tynnu lluniau am dros hanner canrif bellach. Yn ystod yr Ail Ryfel Byd bu'n gweithio fel ffotograffydd rhyfel swyddogol ac wedi hynny daeth yn adnabyddus am ei waith i bapurau newydd a chylchgronau yng Nghymru. Mae'n parhau i ymddiddori mewn gwaith dogfennol ac mae ei astudiaeth ddiweddar o fywyd mewn ysbyty yn dyst i'w allu.

Ond cysylltwn ef yn bennaf â lluniau sy'n clodfori harddwch a thawelwch ei wlad enedigol—ac mae'r harddwch hwnnw yn amlygu ei hun ym mhethe bach dinod ein bywyd yn ogystal ag mewn tirwedd trawiadol. O gaethiwed ei gadair olwyn llwyddodd i greu delweddau cofiadwy. Nid yw cyfansoddiad grymus ei luniau yn bradychu ei ymdrech i oresgyn ei anabledd.

Cyhoeddwyd nifer fawr o'i luniau eisoes mewn calendrau a llyfrau, i dderbyniad brwd.

Ron Davies has been taking photographs for over half a century. He worked as an official war photographer during the Second World War, and later became a well-known and respected photo-journalist in Wales. His interest in documentary photography remains and his recent study of life in a West Wales hospital testifies to his talent in this field.

However he is best known for his landscape photography which celebrates the beauty and tranquility of his native country. That beauty often manifests itself in the most mundane details of life as well as in the stunning landscape. From the confines of his wheelchair he has suceeded in creating memorable images which show no signs of the inevitable practical problems imposed by his disability.

Many of his photographs have appeared in calendars and books, to wide acclaim.